Weihnachten ist die Zeit des Schenkens

Joan Walsh Anglund

Weihnachten ist die Zeit des Schenkens

Collection Känguruh

Übertragung aus dem Amerikanischen
Amerikanische Originalausgabe:
Christmas Is a Time of Giving
Harcourt, Brace & World Inc., New York

Von derselben Autorin sind bei Walter erschienen:

Ein Freund ist jemand, der dich gern hat
Jeder Frühling ist ein neuer Anfang
Kindheit ist die Zeit des Glücks
Liebe ist ein wundersames Gefühl
Keine Welt ist so schön wie deine Welt
Hast du jemand lieb?
Die Farbe der Liebe
Das Geburtstagsbuch
Ein Jahr ist rund
Weihnachtsgebäck

11. Auflage 1981

Walter-Verlag AG, Olten und Freiburg im Breisgau
Gesamtherstellung in den grafischen Betrieben des Walter-Verlags
Printed in Switzerland

ISBN 3-530-01634-9

Für meine liebe Nana und Cookie

Weihnachten
ist die Zeit des Schenkens.

Es ist die Zeit,
in der Geschenke eingepackt

und Plätzchen gebacken werden ...

die Zeit,
in der Geschenke
in geheimen Winkeln
versteckt werden . . .

und die Kinder
voller Erwartung sind.

Es ist die Zeit
der Spielsachen
Trommeln und Puppen . . .

die Zeit der bunten Kugeln
und der Lichter . . .
und goldenem Engelshaar
auf grünen Zweigen.

Es ist die Zeit
der Sterne und der klaren Nächte . . .
der leisen Gebete
geflüstert im Dunkeln.

SUSIE

Weihnachten
ist die Zeit der Familie
und der guten Freunde,
die sich wiedersehen.

Es ist die Zeit
der Weihnachtslieder
und der silberhellen Glöckchen
an Schlitten,
die über den Schnee gleiten.

276
NOEL

Für viele Menschen
ist Weihnachten
die Zeit der Erinnerung . . .
der Erinnerung an glückliche Tage,
erfüllt mit frohen Stimmen . . .
und an andere schöne Stunden,
die vergangen sind.

Aber für jeden
ist es eine Zeit der Verzauberung . . .
in der die Sorgen verblassen
und die Welt wieder jung ist.

Es ist die Zeit vor allen andern,
in der der Friede die Welt besucht
und in jedem Herzen Wohnung findet.

Weihnachten
ist die Zeit des Schenkens . . .
die Zeit der Hoffnung
und der Freude.

Weihnachten
ist die begnadete Zeit der Liebe.